A mes précieux Petits: Ezra, Caxton, et Amos. Le temps que je passe avec vous, mes garçons, me procure vitalité et bonheur immense. Merci!

Droits d'auteur © Moji Taiwo

Tous les droits sont réservés. Aucune partie de ce livre ne peut être reproduite de manière mécanique, photographique, électronique, ou sous forme d'un enregistrement sonore; il ne peut pas non plus être sauvegardé dans un système de récupération, transmis ou alors copié, pour un usage publique ou privé, sans l'autorisation écrite préalable de l'auteure. Pour toute demande, bien vouloir communiquer avec Moji Taiwo à mojitaiwo1@gmail.com.
ISBN (Papier): 978-1-7782838-7-1 / ISBN (Livre électronique): 978-1-7782838-8-8 / ISBN (IngramSpark): 978-1-7782838-9-5

Moji Taiwo
www.mojitaiwo.com

Cet après-midi-là, Mémé nous a amené au parc. Ensuite nous sommes allés jouer au terrain de jeu.

En chemin, Mémé nous dit: marcher, c'est un bon sport pour nous parce que ça nous rend plus fort.

En marchant, nous nous tenions les bras; en fait, nous nous sentions plus en sécurité ainsi.

Et nous devions aussi tenir Mémé par la main pour qu'elle ne s'égare pas.

Mais attend!
Mémé a seulement deux bras, et nous,
nous sommes trois avec six bras!

"Humm...Comment faire?" Demande le plus jeune des Petits-tout.

"J'ai une idée," dit l'aîné. "Je peux tenir le bras gauche de Mémé, et toi, tu peux tenir son bras droit."

"Que faire donc du benjamin? Qui tiendra son bras?" dit le plus jeune.

"J'ai une idée" dit le benjamin du groupe. "Je vais tenir l'habit de Mémé!"

Mais, dites-moi, connaissez-vous un autre chemin pour se rendre au terrain de jeu?

_____

_____

_____

Alors, nous demandons aux autres enfants de jouer avec nous; ainsi, nous nous sommes faits de nouveaux amis.

Avant de commencer à jouer, Mémé nous a dit que c'est bien d'être gentil avec les gens.

Cet après-midi-là, nous nous sommes amusés en nous balançant sur les balançoires, en glissant sur les toboggans et en nous accrochant à la barre des singes avec nos nouveaux amis.

Mémé s'est faite aussi de nouveaux amis au terrain de jeu.

Comment se faire de nouveaux amis?

www.ingramcontent.com/pod-product-compliance
Lightning Source LLC
Chambersburg PA
CBHW040023130526
44590CB00036B/74